AF607212

CIUDADES EN VENTA

MANUEL VILAS

CIUDADES EN VENTA

VISOR LIBROS

VOLUMEN MCCLXXV DE LA COLECCIÓN VISOR DE POESÍA

Cubierta: Edvard Munch. *Kiss by the window*

Edición al cuidado de Nicole Brezin

Isaac Peral, 18 - 28015 Madrid
www.visor-libros.com

ISBN: 979-13-87745-75-2
Depósito Legal: M-14351-2025

Impreso en España - Printed in Spain
Gráficas Muriel. C/ Investigación, n.º 9. P. I. Los Olivos - 28906 Getafe (Madrid)

A la memoria de Lou Reed (1942-2013)

DE NUEVO LOS TIEMPOS ESTÁN CAMBIANDO

He visto salir el sol sobre muchas ciudades de la tierra, he sido testigo de la generosidad de esa gran estrella que ilumina las metrópolis, como si detrás del sol hubiera una voluntad de ser y de existencia y de plenitud, o así lo creímos durante más de cinco mil años.

He quedado enamorado, exaltado, condenado también, por haber visto inmensas ciudades bajo la luz más inmensa, y he sabido que nadie hablará nunca de la soledad del sol, esa soledad que busca ser menos soledad con su aproximación diaria a nuestros rostros y nuestras ciudades.

Ya sintiéndome viejo, aunque tal vez no lo sea tanto, eso yo no lo sé, solo lo sabe el sol, pues él es quien oxida mi cuerpo minuto a minuto y quien le da vigor y lo hace visible, porque estar vivo es estar bajo el sol y estar muerto es no estar bajo el sol, he decidido escribir este libro de poesía, que solo pide belleza y radical esplendor en los últimos años de mi existencia, pues he de morir, siendo el asunto de mi muerte un viejo conflicto familiar entre el sol y yo.

Espero que el sol se apague cuando yo muera, es lo menos que puede hacer el sol en señal de respeto y de duelo, después de todo cuanto lo he amado de sangre y corazón.

Heredé el culto al sol de mi madre y eso os lego como gran verdad: el sol.

He caminado ciudades y más ciudades, y todas eran iluminadas bajo la misma luz, como si allí residiese una celebración de la propiedad. Y tuve una revelación. El sol es el dueño de todas las metrópolis de la tierra, pues las hace visibles. Y las ciudades nacieron bajo la luz del sol.

Un dueño que ha decidido poner todas esas ciudades a la venta, porque se ha cansado de ellas, lo hace cada cincuenta millones de años, para calmar el aburrimiento, la desesperación, la falta de nuevas pasiones, y lo hace a modo de una gran fiesta, porque el sol se aburre, se enamora, se desenamora, tiene crisis existenciales, arrebatos, cólera, furia, vesania dorada.

Y puede morirse de soledad y de tristeza.

Por eso ilumina las ciudades, no por costumbre, sino por placer y por pasión, y lo hace para que las veamos y las compremos con el precio de nuestra vida si es esa nuestra voluntad, y siempre lo es, pues la humanidad es constructora de ciudades.

Gran propietario de miles de ciudades disputadas a los hombres ahora decide venderlas.

¿Son vuestras o son mías?

Son mías, dice el sol.

Nadie ha sido ni es ni será más feliz y pleno bajo el sol que yo mismo. Porque el sol y yo somos grandes y viejos amigos, y los dos estamos solos y de duelo.

Escribo este libro porque ahora sé que el colapso se acerca.

Me lo han dicho las ciudades de la tierra.

No sé cuándo llegará, tal vez dentro de veinte años, o de un año, o de diez, o de cinco, o de cincuenta, o incluso tal vez dentro de unos meses, pero ellas, las ciudades, y él, el sol, lo saben.

Lo que ha de venir, como siempre, no tendrá un solo culpable sino cientos, y tampoco serán culpables, serán hombres y mujeres rebasados y desbordados por la oscuridad de la vida humana bajo los principios misteriosos y el gobierno de la Historia.

Si tú te fijas bien, si pones suficiente atención, el cataclismo está ya a nuestro lado.

¿Cómo será?

No lo sé.

¿Lo veré?

Lo estoy viendo.

En este libro se ve.

De nuevo los tiempos están cambiando.

Despertad, desde todos los lugares de este planeta. Despertad, ha vuelto a pasar: los tiempos están cambiando, ya se anuncian otras creencias. Seguirá habiendo ángeles dorados en el cielo, pero no querrán saber nada de nosotros, pues los innumerables hipócritas los alejan para siempre.

Los tiempos están cambiando otra vez, pero ya no traen alegría sino hombres y mujeres miserables y mucha muerte, arde la mentira y regresan la superstición y la tiranía.

Yo creo en la poesía.

¿Regresa el tiempo de los asesinos?

Siempre ese tiempo fue el único tiempo.

Creo en Walt Whitman, en Arthur Rimbaud, en Ezra Pound y en Federico García Lorca.

Creo que la poesía puede levantar a miles y a cientos de miles y a millones de sus tumbas y convocarlos a la fraternidad universal bajo el sol.

Ha de volver ella, la poesía.

M. V.

Venecia, a 3 de abril de 2025,
día del 80.º cumpleaños de Jesús García Sánchez,
fundador de la editorial Visor de Poesía

Purifica i nostri cuori!

Ezra Pound

CHICAGO

Para Ana Merino

Nunca volveré a Chicago, no habrá tiempo.

Me sabía los precios de los hoteles
de la avenida Michigan y del Loop,
quería hospedarme en todos,
una noche al menos,
una gran noche en cada uno
celebrando la soledad de la tierra
con copa invisible levantada por mi mano de viento.

Mi abrigo, mi cartera, mis dólares, mi gorro contra el
    frío,
mis guantes, mis botas, mi nariz helada.

Me acuerdo de los doce grados bajo cero
de un *Thanksgiving* del año dos mil catorce
cuando embarcamos en un *ferry*,
y comimos pavo y aún creía en la vida.

Ya hace diez años, y pronto serán más,
muchos más, veinte, cincuenta, puede que cien.

Yo entonces aún creía también
en la santa bondad de los seres humanos.

Y desde cubierta se veían todos los rascacielos
que parecían seres sobrenaturales, amigos extraños,
pero nunca enemigos feroces y sin piedad.

Muchas noches estuve solo en los hoteles de Chicago.
Las sábanas de las camas de esos hoteles
fueron mi padre y mi madre y mi esposa,
todos los ángeles del cielo
haciendo guardia en el sepulcro.

Y mi ángel de la guarda se llamó Chicago.

Nevaba a las cinco de la mañana.
Nunca he logrado estar tan solo y tan feliz
como en aquellas noches en Chicago.

Solo y desnudo ante mi identidad y el tiempo,
ante mi triste historia, que a nadie importa.

En el Hard Rock una recepcionista se apiadó de mí
y me dio una *suite* por ciento veinte dólares
en el piso 25, y me sonrió como si fuese mi hermana.

Como si fuese una encarnación más de mi ángel de la
guarda.

Esa ciudad me quiso, no me preguntó
de qué huía, no me despreció como hizo
tanta gente a lo largo de mi vida.

Aún puedo escribirte poemas, amor mío,
pero pronto ya no podré.

Ese español que venía a verte,
¿qué habrá sido de él?

Parecíamos un solo ser,
ella y yo.

Mira hacia las nubes, oh mira allí,
son flores en el cielo cantando la canción
del vagabundo, del que nada tuvo,
la mendicidad lenta en las ciudades está pasando
ahora entre nubes,
la mendicidad del corazón.

MADRID

Para Chus Visor

Camino en un mes de enero del año 25 por la Gran Vía.
Sin la Gran Vía Madrid no sería Europa.

Cuando vine a vivir aquí,
hace años, me enamoraba de todo.

Ahora tú y yo, Madrid, somos un matrimonio
cansado el uno del otro.

Madrid, eres más de derechas que el rey de Inglaterra.
Madrid, eres más de izquierdas que Joseph Stalin.

Querría divorciarme de ti,
y tú de mí, pero no podemos.

No eres bonita,
como yo no soy un galán de cine.

Nos damos besos protocolarios,
para saber al menos
que esta noche no te cortaré el cuello ni tú a mí el mío.

Conozco todos tus barrios, ya sé quién eres.

Conozco calles que jamás recibirán
el amor de nadie, y menos el de un poeta.

Conozco la calle de Castillo Piñeiro,
cuya fealdad eres tú misma, Madrid.

También conozco el exquisito Palacio de Liria,
cuya belleza no es tuya ni mía.
Ya me hubiera gustado vivir allí,
pero no pudo ser, el azar no me dio linaje
sino dos manos ineptas y la moral de los pobres.

No estamos enamorados, pero estamos casados.

No nos gritamos, no nos levantamos la voz,
pero tú ya no esperas nada de mí ni yo de ti.

Hace veinte años, ay, entonces sí que nos queríamos
con pasión, sin aburrimiento, con locura, sin cansancio.

Yo no te veré morir, y tú a mí sí.
Pero créeme, no vales la pena, como yo tampoco la valgo.

Yo nunca seré Walt Whitman, ni tú Manhattan.
Nunca Baudelaire, ni tú París.

Estamos hechos el uno para el otro.
Nuestra medianía es también poesía.

Nuestra medianía,
¿es una forma de humildad
o una forma de fracaso?

Te quiero, Madrid, y tú a mí, somos marido y mujer.

Desde Madrid diré adiós a todos los beneficios
del amor, del viento y de la codicia de más amor
y de la codicia de más viento
para que llene mis pulmones siempre insatisfechos.

Los viejos y las viejas de Madrid eran terribles.

Vi sus almas en descomposición, allá en el metro,
mezclándose vivos y muertos en un espectáculo
que solo yo veía, para mi condenación y desgracia.

Eran jóvenes tres segundos
y luego viejos innecesarios
largos siglos.

La masa mortal en las ciudades de la tierra.

Solo los fantasmas no escriben poesía, pero bien que lo
intentan.

Lo intentan en los subterráneos de la ciudad de Madrid,
en todas las líneas del metropolitano,
de día y de noche.

Ciudad de gente que nunca me quiso y yo a ella sí la
quise.
Una gente no quiere a otra gente, eso es todo.

Dime que me quieres y será bastante para que florezca mi
alegría,
como si fuese un árbol aparecido en un desolado arcén.

Decenas de seres humanos mueren todos los días en
Madrid.

Pocas criaturas nacen ya todos los días en Madrid.

Reino de viejos insaciables.

Yo te veo a veces, Madrid, porque soy vidente, veo tu
rostro.

Yo sí que sé quién eres: eres la asesina de todos nosotros.
Pues mueren en tus hospitales o en sus casas
poetas y escritores españoles todos los años
a quienes ya nadie lee, y por tanto nadie leyó.

A veces me das miedo, a veces me das alegría.

A veces me deslumbras, a veces me amargas la existencia.

A veces, en según qué calles, al mediodía,
con sol de invierno, pareces un pueblo abandonado.

Como un matrimonio largo, así tú y yo, juntos siempre.

Sí que me quisieron, mentí,
siempre mintiendo,
pero no lo suficiente.

Aúlla más, aullemos juntos.

Madrid, regálame un piso soleado
de trescientos metros cuadrados
y techos altos y columnas y balcones
en el barrio de Salamanca.

Eso es todo, amor mío.

LONDRES

Para María Lynch

El desayuno del hotel era un cuadro de Turner,
y la gente iba y venía con platos en las manos
y el pintor Turner estaba allí,
como un alma en ofrecimiento de bienes espirituales,
platos con fruta, con cruasanes, con dulces de Navidad,
y se acercaba el año en que yo cumpliría los sesenta y
tres.

Qué suerte tuvieron los poetas que aquí nacieron.
Escribieron y pensaron en la lengua elegida por la vida.
Qué gran poeta inglés habría sido este que ahora
en castellano escribe alabando los rostros y la luna.

Todo estaba carísimo.

Qué orden más maravilloso la ausencia de orden español.

Siempre huyendo de ese país equivocado.
Tan equivocado en una esfera como yo en otra,
convertidas las dos equivocaciones en un matrimonio
de esferas, un bello matrimonio
buscando el gran beso bajo el esférico sol.

Caminaba por Londres en un silencio corporal,
como pidiendo la conversión en aire de mi presencia,
con mis oraciones a cuestas,
mientras la gente bebía en las calles
cervezas, licores y champán,
y el frío calaba hasta en la memoria
que se quedaba dañada, rota,
hielo que gotea.

Había policía por todas partes.
Caballos percherones con oficiales de cara inocente.

Y yo rezaba: Turner, caballero que pintaste
la desintegración de lo visible,
¿dónde estás sino en la invisibilidad definitiva?

Y las esferas matrimoniales y el pintor Turner
ascendían hacia los cielos para romperse
al final de la atmósfera.

Muchedumbres de seres humanos se dirigían al Támesis
para ver los fuegos artificiales del fin de año.
Esa muchedumbre anunciaba no los frutos de la vida,
sino otra cosa, tal vez el horror que habrá de venir un día
futuro,
y ese día puede ser el día de hoy, un día de sangre,
de regreso a la sangre;
retiradle a la democracia la representación de vuestras
vidas,
no os quieren, no nos quieren,

solo es vanidad y egolatría,
retiradle vuestra inocente confianza,
haced eso,
ya es tarde.

Me fui a dormir a las nueve de la noche.
Longtemps, je me suis couché de bonne heure.
La cama sin una arruga, las sábanas tersas y estiradas,
la almohada blanca.

A las doce no me despertaron los estruendos del año
nuevo.

A las ocho de la mañana de otro uno de enero
(¿cuántos me quedan?, ¿cuántos nos quedan?)
me levanté y fui a la ventana
y estaba lloviendo.

Y en la silla de mi habitación
estaba sentado
William Turner
con las manos enlazadas,
y la vista dirigida al infinito naufragio.

Ve siempre con la cabeza alta, me dijo Turner.
No se merecen otra cosa esos canallas
que te han tocado en el azar del tiempo y las épocas.

BARI

Para Carlos Marzal

Tengo cincuenta y siete años
y cada día que pasa soy un hombre mejor,
más bondadoso, más acaudalado
en sombra y silencio.

¿Qué estoy haciendo en esta diminuta ciudad,
qué busco en Bari, tal vez
la puerta de una casa?

Delgado, huesudo, abundante
mata de pelo, pies perfectos,
vientre plano, venas sobre la carne,
manos grandes como las de mi padre.

Sí, una casa, o una forma de desaparición
porque no quiero ver lo que va a venir en unos años,
quiero marcharme lejos.

Aquí estoy, en Bari, en la plaza del Ferrarese,
contemplando una acalorada discusión
entre ángeles medievales,
que gritan,

que juegan,
que se besan,
que se insultan.

Todas las mañanas me despierto
lleno de ganas de hacer el amor
a quien sea
o a lo que sea,
promiscuo y místico a la vez.

Bari, daba vueltas por las callejuelas,
llovía un poco, primeros de marzo.
Bari, parecías un pueblo español.

Bari Vecchia, el castillo Svevo,
pero siempre las callejuelas sin futuro.
¿Para qué sobreviven los castillos?

Bari, quiero vivir cien años.

Amo la perfección de mi cuerpo,
cuya madurez no es envejecimiento
sino una inesperada forma
acabada de una juventud más experta,
una juventud tan esculpida como recordada,
y siempre extraordinaria.

San Nicolás de Bari,
tú que gobiernas el mar Adriático
desde tu sepulcro vacío,

donde nunca hubo nadie,
ayúdame, entrégame,
dame el poder y la alegría
de vivir un siglo entero.

San Nicolás, muéstrate ante mí,
ábreme la puerta de tu casa.
Quiero ser un santo transparente.

Y sobre todo, quiero estar, como tú,
al lado de Dios
cuando los hombres se masacren.

Ábreme la puerta de tu casa.

LOGROÑO

Para Pilar Álvarez

No quería ir a Logroño,
nadie quiere ir a ciudades como esa.

Más de media España son ciudades como esa.
Nunca lo confesarán las más altas autoridades del Estado,
pero créeme, es así, pocas veces va el rey
y aún menos los presidentes del gobierno.

Ciudades de interior que te hablan de la intrascendencia,
que es la más mortífera forma de la melancolía.

La degradación arquitectónica de España
son casas feas de ladrillo, casas de los años sesenta
y setenta, las casas más feas del universo.

Un tío mío estuvo aquí, en un sanatorio para
  tuberculosos
en los años cuarenta del siglo xx,
aquí le amputaron un pulmón.

Me acuerdo de ese pulmón caído, ¿dónde lo enterraron?

Planta octava del Hotel Gran Vía, el sol entrando en mi habitación,
tan fuerte y tan poderosa era esa luz que traía envuelta
en una sábana de seda el pulmón momificado de mi tío.

Logroño me lo devolvía en un acto de amor.

Carne de tu carne, vidrio,
destello y óxido
de la historia de España.

Miré pisos en las inmobiliarias, pensé en comprarme uno.

Desaparecer en Logroño, porque la máxima comprensión
de la vida ocurre en la máxima soledad
de los pisos en venta de la ciudad de Logroño.

Logroño, rebélate contra España, rebélate
contra Europa, contra todo, y yo a tu lado,
siempre, porque tú y yo somos lo mismo.

CARTAGENA DE INDIAS

Para Santiago Gamboa

No sé si volveré a verte, ciudad del placer y del calor.

Sudaba todo el santo día, pero era un sudor de
agradecimiento.

Sudaba con estilo, zapatos de verano con rejilla
afortunada,
camisa de lino blanco, pantalón de algodón transparente.

La ciudad colonial estaba llena de restaurantes.
Cené al lado de mucha gente que hablaba de libros,
y estuve en casas de particulares
que me invitaron a patios con albercas.
¿De dónde sacaban tanta plata,
siempre en dólares, nunca en pesos colombianos,
por qué no tengo yo una casa como esas?

Conocí a la ilustrísima y excelentísima y magnífica
irrealidad de todas las cosas.
Hice con ella el amor en mi hotel, con vistas al océano.

La irrealidad era caprichosa y voluptuosa.

Le di nombre a la irrealidad: la llamé Hortensia.

Luego le cambié el nombre, y la llamé Genoveva.

Era una mujer sin miedo a nada, libérrima,
más allá de otras mujeres y de todos los hombres.

En Cartagena de Indias me di cuenta
de que existen los legendarios pactos con el diablo,
que no son una invención romántica,
cambias tu alma por volver a ser joven.

En Cartagena de Indias supe que en ese negocio
quien pierde es el diablo y quien gana eres tú.

Los baños en la piscina del hotel, la fruta tropical,
comiendo sandía, piña y pitahaya,
los supuestos amigos, las risas, el excepcional café,
en una suspensión del tiempo,
las flores, los árboles, los jardines frondosos.

Salía a las calles a las diez de la mañana.
Todo sol, dueño el sol de todo.

Dos veces estuve contigo.
La primera, fue amor.
La segunda, sexo sin fin,
por tanto destrucción sin fin.

A la vuelta del tiempo solo se contempla
cómo da la vuelta el tiempo.

ZAGREB

Para Cristina Consuegra

Me deslumbró el aeropuerto de Zagreb,
parecía una nave espacial llena de tubos blancos
que sugerían una modernidad sofisticada y un futuro
  mejor.
Paseé por las calles de Zagreb
y noté una presencia inquietante
que venía del fondo de la historia.

Eran los restos inmateriales
del imperio austrohúngaro: un ejército de sombras
que aún se agarraban
a las fachadas de los edificios.

Nunca he sabido qué fue el famoso imperio
  austrohúngaro,
con esas dos palabras tan sonoras
que levantaban una nube de oro, de muertos áuricos.

En Zagreb el café, milagroso como el italiano,
se convirtió en mi ángel de la guarda.

En la parte alta de la ciudad
visité el Museo de las Relaciones Rotas.

Es el museo más humilde que he visto en mi vida.
Es el museo más verdadero que han visto mis ojos
que arderán en la nada como los vuestros.

Me enamoré de todo lo que veía: desde una bicicleta
hasta una cafetera, desde unos guantes de fregar
hasta una caja de cereales,
desde una colección de bolígrafos de plástico derretido
hasta un vestido de novia,
desde un álbum de cromos de cantantes antiguos croatas
hasta una botella encontrada en una playa,
y todos los objetos eran símbolos de una ruptura
amorosa.

Leí carteles que decían en inglés:
Con este vestido de novia me iba a casar,
pero no lo hice porque un día antes
descubrí a mi novio en la cama con mi mejor amiga.

Con esta cafetera bebía café con mi amor todas las
mañanas,
hasta que un día se fue y me quedé a solas con la cafetera.

Todos esos objetos que veo de nuevo
están llenos de desengaño y aceptación.
Detrás de cada uno de ellos hay una historia de amor en
llamas.

El amor triunfa en Zagreb o, al menos, el recuerdo del
amor.

Me marché de Zagreb el día que entraba
por la puerta de mi hotel la premio nobel rusa Svletana
y el apellido ya me era impronunciable,
me crucé con ella en la recepción,
y vi bailar a su lado al fantasma de Dostoievski,
y vi a un nuevo zar clamando por ser dueño de Europa,
y vi al fantasma de Rusia devorando a todos sus hijos,
y vi el amor a la guerra y a la muerte como una forma de
vida,
el fantasma de un imperio que siempre lo fue de viento
y humo,
como lo es el país de la poesía,
compuesto de vacío y vanidad.

MONTEVIDEO

Para Pere Rovira y Celina Alegre

Era el uno de mayo y estaba en Montevideo,
toda la ciudad desierta, nadie en la calle.

La habitación de mi hotel era un palacio, entraba mucha
luz.
La luz es un despropósito, un derroche del universo.
No la merecemos, no la merecen las ciudades de la
tierra.
A mí me habla la luz, me ama la luz, me envuelve
en una danza terrorífica, primitiva, litúrgica, pero no
divina.

En todo Montevideo solo estaba abierto un cine
porno.

Entré, pagué mi entrada. Estaba solo en aquel cine
donde viejas estrellas del porno de los años setenta
hacían exactamente lo mismo que hacen las estrellas
del porno de la segunda década del siglo XXI.

Sentí nostalgia.

Alguien me dijo: «El uno de mayo en Montevideo
es fiesta nacional, la ciudad se paraliza».
Sí, todo paralizado,
todo suspendido, desvanecido,
¿dónde estaba la gente?
Todo muerto excepto el cine porno
que estaba enfrente de mi hotel.

No me invento nada. Comprobadlo.
Me hospedé en el Hotel Emperador, enfrente estaba ese
cine abierto.

Me senté en una butaca.
No había ni acomodador.
Aquellas mujeres de los años setenta en la pantalla.
Era una película X de 1972, alemana.
Hablaban en alemán, o más bien gemían.

De repente, entró un hombre en la sala,
en aquel cine mortuorio, en Montevideo.

Se sentó a mi lado.

Era un hombre alto.

«Es aburrido Montevideo los uno de mayo», dijo.

«No me mires», añadió, «soy yo, sí, tu padre,
pero no me mires», insistió, «no estoy
muy presentable hoy».

La vida estaba descendiendo a los sótanos de la muerte,
siendo los sótanos de la muerte más hermosos
que las cárceles de la vida.

Cogió mi mano y su mano estaba helada, era hielo,
hielo sin alcohol, esa mano no se podía beber, pensé.

«Las manos de esas mujeres y de esos hombres que salen
en la pantalla también son de hielo, hijo mío,
como las mías, y esta película ya la he visto,
la vi en Perpiñán hace cincuenta años, ¿sabes?,
ya sé que lo sabes».

Una mujer rubia con unas medias de rejilla
exhibía un sexo rubio que ya no existe sobre la faz de la
    tierra.
Estará descomponiéndose en algún cementerio
de este mundo, de Berlín, de Frankfurt, de Múnich,
o de cualquier pueblo de Alemania.
                                        Un sexo ya legendario, pensé.

«Siempre estoy contigo, hijo mío, siempre,
da igual dónde te escondas,
tu padre muerto es pasado, presente y futuro,
siempre contigo, ahora aquí en Montevideo,
mañana en Varsovia, pasado mañana en donde tú quieras,
eso da igual, la tierra para mí es diminuta, tan pequeña,
no se puede ser libre en esta vida, en tu vida, hijo,
porque yo ahora soy la tierra, las ciudades, los países,
los mares, los aviones, los barcos, los hoteles,

las películas porno y las películas infantiles,
lo soy todo, y lo soy para ti, pero por favor no me mires,
hoy no he tenido tiempo de arreglarme, estoy muy frío
y no, no hay alcohol en mi hielo,
no puedes beber de mi sangre,
no serás libre mientras estés vivo,
nunca lo serás,
esa gente que te gobierna quiere robarte
tu alegría y arruinarte tu vivo
deseo de no ser como ellos,
nunca te permitirán ser
el hombre más elegante de la tierra,
solo tú y yo sabemos que la elegancia
es el don de los valientes,
solo tú y yo sabemos que los cobardes,
cuando mueren,
no emiten luz alguna,
pero de nuevo los tiempos están cambiando,
hijo mío,
se alzan olas de maldad contra tu cuerpo,
hijo mío,
pero tú sabrás convertir la estupidez en belleza,
en larga belleza quemada por el viento,
descálzate
bajo la luna y el sol».

PERUGIA

Para Coché Echarren

Llegué de noche. ¿Era primavera?
La ventana de mi habitación estaba llena de arbustos
que querían dormir conmigo, como si fuesen manos
de ángeles maltratados por la eternidad.

Los negros halcones en la madrugada me hablaron
del pueblo etrusco, pidiéndome una oración,
un recuerdo, un beso que cayera sobre miles y miles
de seres humanos que vivieron en Perugia.

Los arbustos y la luna, y el ruido de un ascensor
de los años cincuenta, y un *e-mail* escrito con angustia
y esperanza a quien me había traído a Perugia:
Me han dado una habitación al lado de un ascensor
muy viejo y extremadamente ruidoso.
Imposible dormir, mentí.

Los vi, en congregación, cuerpos
que una vez usaron este viejo ascensor
y ahora son transparentes en la transparencia,
de modo que allí tuve
ese don: vi la transparencia de la materia orgánica.

He pedido que me cambien de habitación.

Por favor, si puedes llamar al hotel para que me cambien,
te lo agradecería enormemente, fuerte abrazo.

Fue en el año diecinueve, y era aún un hombre ilusionado.

Paseaba y me desorientaba por la ciudad vieja,
intentando entender la Piazza Italia,
subiendo y bajando calles, buscando la revelación,
y ya no era mi cuerpo mi persona
sino que me transformé
en un hilo de fuego que busca las estrellas.

Sobre las ciudades de la tierra se derrumba el sol.

Bajo las sábanas de la cama le pedía a Perugia
que me regalara los dominios de la paz, de la tranquilidad,
de la desorganización de mi inteligencia,
no me importaba firmar mi rendición incondicional
a cambio de un vaso de agua vulgar, inerte, sin
conciencia.

No todo hombre acaba sabiendo
que es un hombre vulgar,
y que su vulgaridad es su destino, y que su vulgaridad
será su abogado defensor
el día en que el mundo y la realidad terminen.

LISBOA

Para Marina Vicente

Yo te besaba, Lisboa, y tú me llevabas al mar y a las calles.

Me enseñabas gente que vivió en el Chiado hace cien
años,
gente que tenía pisos viejos, y camas antiguas,
gente que se moría pronto de enfermedades fáciles y
simples
como un terrón de azúcar
y una cuchara de madera.

Íbamos de la mano en domingos llenos de rosas.

Descendían rosas ecuménicas sobre la plaza del
Comercio.

Cambiábamos las edades y los siglos.

Descendían crisantemos sobre la Alfama.

Éramos tú y yo dos enamorados devorándose de amor
en pisos perdidos que ahora son tiendas de Zara y H&M.

Cuando regreso a Lisboa tú ya te has ido.

Camino solo por la Avenida de la Libertad.

Me siento en una terraza y pido café y espero tu llamada.

Y veo descender del cielo el misterio
del grandioso amor a la vida sobre ti,
sobre Lisboa,
sobre tu esencia maquiavélica,
que nadie ha visto.

Y mis ojos ven rosas que son calles y ven calles que son
rosas.

Nunca me diste un beso de verdad, y yo a ti sí,
pero no importa, aunque aún estás a tiempo de dármelo.

¿Quién fuiste?
Tantas veces llamando a tu puerta.

Un día la alegría se marcha de los corazones
y no es la muerte quien llega sino la ciudad de Lisboa.

Nadie acepta que tiene que morir, salvo tú.
Especial siempre, especial entre las especiales,
mi melancólica ciudad rendida a la luz inalterable.

¡Era inalterable tu luz, pero no tu vida!

GETTYSBURG

Para Mark Aldrich

El esplendor del verano fue también el esplendor del
adiós.

Éramos críos de diecisiete, dieciocho años
venidos de todas las tierras de América.

Vimos marcharse la vida tumbados en estas praderas,
con el plomo clavado en la carne,
y el verano allá arriba nos miraba desde el cielo arcaico.

He venido a estar aquí con vosotros, un rato.

A rezar un rato y mirar el cielo, la morada democrática.

Nací noventa y nueve años y dieciocho días después de la
Batalla.

Gettysburg, qué bondadoso es todo ya aquí, ahora,
acabadas las fiestas, las risas, los llantos, las armas,
los alaridos de dolor de las madres lejanas,
como si lo que ocurrió en los tres primeros días de julio

de 1863 fuese tan solo el anuncio
de otras guerras, de todas las guerras de mi presente.

Vengo de un tiempo de hombres viejos
que codician cumplir más años y ser aún más viejos.

Y vosotros estáis enterrados aquí,
vivisteis solo cinco minutos
que en la alquimia de la vida alta
valen cinco mil años.

Por eso os contemplo, por el milagro.

Lincoln y su estatua.
Soldados de la Confederación,
ya solo sois aire,
el aire y su predominio sobre todas las cosas que fueron.

Cuerpos perdidos, al aire lo que fue siempre del aire.

Ya pronto vendrán otros muchachos de vuestra edad,
jóvenes del siglo XXI, con la cara agujereada por las balas.

Y os acompañarán en la nada, en la inutilidad y en el
silencio.

VENECIA

Para Adrián J. Sáez

El sexagenario cansado no debería volver a Venecia.

¿Cuántas veces vine de joven?
Intento recordar y me atoro.

Recuerdo una vez, fue hace veinticinco años.

Quería encontrarme con Ezra Pound.

Era verano, subí al *vaporetto*
y me fui a la isla-cementerio
de San Michele, la brisa en la cara,
como un pañuelo del sol.

Venecianos muertos,
las fechas, las tumbas,
el recuerdo, las flores,
las fotos en mitad de una sonrisa,
gente muerta en la nada detenida
y por la nada sostenida y yo lloré;
un espectáculo solar, eso es San Michele,

sol sobre la muerte,
sol de barro sobre el barro donde vive la muerte.

Y allí busqué la tumba de Ezra Pound.

Largos paseos por aquel cementerio
en una mañana de fuego.

Y me costó encontrar su tumba.

La tumba de un hombre en una mañana
en que otro hombre,
sin ningún cometido,
le busca para decirle algo.

Me ayudé del consejo
de los empleados del cementerio
y tras un largo y errático paseo
me encontré con una lápida de suelo
muy parca en explicaciones.
Solo estaba el nombre y nada más:
Ezra Pound.

Acerqué mis labios a la tumba y le dije:
Ezra, ayúdame, te lo suplico.
Acógeme como a un hijo perdido, no tengo a nadie.
Sé tú mi maestro, en la vida y en la poesía.
Tú, que viste al dios de las aguas y de la belleza.
Ezra, en verdad he venido a avisarte
de que Venecia también está en venta.

Subí al *vaporetto* y regresé a la Fondamenta Nove
y en una terraza del Campo Santi Giovanni e Paolo,
rodeado de turistas codiciosos de la luz adriática,
me comí unos espagueti con gambas,
calamar, pulpo y almejas,
con mucho vino blanco, frío,
bañado en una cubitera con hielo grande,
mientras mi rostro se doraba bajo el maduro sol del cielo.

TRIVANDRUM

Para Emili Rosales

Llegué al aeropuerto de Kerala después de un millón
de horas de avión, llegué mil años más viejo
que cuando emprendí el viaje, un misterio más
de entre miles de misterios que han convertido
mi vida en esta tragedia infantil y en esta comedia
    dantesca,
o en una estafa más de cuantas nos acompañan
en esta boda con las sombras.

Vi a una mujer bañarse con una vaca en el agua
del río Neyyar, parecían unidas,
como si fuesen la misma carne, la animal y la humana,
mismos hígados, lenguas, corazón y sangre,
la prodigiosa necesidad del mismo acto,
de ser dos seres que respiran, porque la respiración
lo es todo, a cada instante, a cada segundo.

Hacía tanto calor que me dieron mucha envidia.
Quise bañarme con ellas, pero no me dejó mi salud,
mi sentido tiránico de la supervivencia.

Tenía un inmenso dolor de cabeza, pensé que ya estaba
viejo para viajar tan lejos, para ver motos de todas las clases
y motocarros haciendo de taxis, gente en la calle
vendiendo trajes de novia, vendiendo sillas desplomadas.

Águilas y cuervos por los cielos bajos.

¿Tendrán nombre estas calles de Trivandrum?
No pude ver ningún cartel con el nombre.
Ni siquiera conseguí un mapa.

Vi el templo famoso de la ciudad,
imposible recordar cómo se llamaba.

No me dejaron entrar por ser de otra religión.

Me gustó tanto la guardia que me prohibió el paso,
con su uniforme, su sonrisa bien hecha, su gorra mágica,
su pelo negro, su piel oscura, pero menos negra que su pelo,
que le hubiera pedido matrimonio, o amistad,
algo que nos uniera para siempre,
que uniera a España y Kerala de una forma amorosa y leal.

Abusé de los analgésicos, no encontré un sitio
en donde me dieran un café expreso.

Aguas estancadas por todas partes y mosquitos viviendo en ellas.

Quise ser un mosquito y tener una familia aquí en
Kerala.
Y enseñar a mis hijos a picar a los seres humanos con
maestría.

Vi casas en construcción.

Me vi escribiendo libros en esas casas, pero ya no hay
tiempo.

Tenía que venir a Kerala por la razón más simple del
mundo:
nunca había estado aquí y sé que será una sola vez para
toda la eternidad.

Kerala, viven en ti 33 millones de personas en una franja
de 38 mil kilómetros cuadrados, vi estos datos
y me enamoré de Kerala, de los 33 millones, pero no
pude
verlos a todos, estaban escondidos en la selva, en los
bosques,
bajo el agua, bajo los templos y palacios, pero también
al lado de la basura, pues vi basura envejecida, botellas de
agua
de plástico y latas que fácilmente serían octogenarias.

La basura, como nosotros, también envejece.

Me habría gustado ser un mendigo aquí, vivir treinta
años,

morir en la ignorancia plena, no en la ignorancia profunda,
sino en esta otra que digo, en la plena, en la ignorancia
    exaltada.
La que quita el miedo a todas las enfermedades,
a los insectos invisibles, a las bacterias,
al dolor del planeta Tierra.

Con la sangre de los reyes en mi boca de tigre de
    Trivandrum.

Si pudiera destruir las civilizaciones, todas, las
    occidentales
y las orientales, lo haría sin dudar una milésima de
    segundo
por amor a mí mismo y por amor a los ríos, los mares,
los árboles sin tiempo y las bestias inocentes.

Dadme otro té y dejadme decir adiós a la melancolía.
Dejadme ciego frente al mar Arábigo de aguas calientes,
que promete la pérdida de la memoria de mis días en la
    tierra
sin castigo y sin pena, sin miedo y sin envidia de los
    memoriosos.

Comí frente al azul y el fuego solar un pez de ancha
    espalda,
detrás Shiva con tridente, imaginario dueño de los mares,
me recordaba que toda religión
es no una ilusión o una fe sino una simple y elemental
    mentira

y todas nuestras mentiras son cuanto tenemos.
Porque ningún dios existe y nadie manda sobre el mar,
pues solo es una sílaba rotunda atada a nuestra urgencia.

El presente es universal y necesario, sexual y contagioso.

El sol sobre la cabeza puede matarte, tantas horas
bajo su vasto dominio puede destruirte el pensamiento,
ese sol que quema tu frente y tu escaso cabello
y quema los acordeones rojizos de las ideas y las
emociones
que hacen que tus piernas y tus pies caminen por la playa
humeante.

¿Dónde están los cementerios de Trivandrum y de
Kerala?
¿Cuántos se marcharon hoy? La muerte vive
en todas las ciudades de la tierra y cada muerto
es distinto de otro muerto, y esa distinción
es la revelación que ahora estoy sintiendo,
como una embriaguez, con euforia.

Edificios derrumbados al lado de la playa, cuervos
bailando,
los cuervos son las aves fundamentales, no dudan ni se
quejan,
entran y salen del mundo a voluntad y su cuello giratorio
estremece a los inmóviles volcanes y a las gardenias fijas.

Calles con una casa sola, casas solas en una calle
inventada,
en las playas de Kerala, y las casas abandonadas nidos
son de abyección y miseria, de ratas e insectos voladores.

Mística es la miseria y mística es la riqueza también.

Y yo me iré y se quedará la basura cantando.

MARRAKECH

Para Juan Vicente Piqueras

Los palmerales eran un mensaje de las estrellas.
Y mis ojos estaban deshidratados como piñas rojas.

Quise convertirme en una palmera y quedarme a tu lado,
anciana amiga, con tus corderos y gallos degollados
en las carnicerías del zoco en donde la mugre era la
    muerte
y la muerte eran esas cabezas de animales con moscas,
esas moscas también son humanas, y nos esperan.

Los dátiles resplandecían bajo el sol como enigmas
de mi incumbencia, pues me hablaron: Renuncia
a toda forma de plenitud que no sea el calor y la ceguera,
pues una palmera no necesita carne ni sangre ni tiempo.

Ciego en la plaza Yamaa, cuando llegaba la noche
y todos los puestos se encendían y parecías, Marrakech,
un barco redondo velando la suspendida eternidad,
la obra mala de la eternidad, la desagradable miseria,
la incomodidad mortuoria de los que no tienen nada.

Plaza de las ejecuciones, no se puede ejecutar a una
palmera.

El polvo y las serpientes y la lengua de los bereberes.
Y el beso de una mujer que venía de las sombras,
y se hizo de luz cuando me dio aquel beso.

Y la fiebre, porque enfermé, y los tés rebosantes de
azúcar.
Y todas las alfombras de la tierra, y los bolsos de camello.
Nadie metería allí adentro su ropa interior o sus camisas.
Y las babuchas amarillas como lenguas sobre el suelo
miserable.

Y los antibióticos comprados en el mercado negro.

ESTOCOLMO

Para Sonia Asensio

Alguien me llevó a ver la tumba de Greta Garbo,
una tumba perdida en mitad de la nieve.

Estaba nevando sobre mi cabeza húmeda.

No había nadie en el Cementerio del Bosque,
solo mi acompañante y yo, susurrando una conversación
lenta.

Nuestras pisadas eran un cortejo de brujos.

Me dolían los hombros: el cuello, los ojos,
las articulaciones envejeciendo a la velocidad de la muerte.

Me senté encima de la nieve, al lado de la lápida de
mármol rojo,
como un caudillo del fin del mundo.

Cerré los ojos y ella salió de la tumba
convertida en una Virgen,
llena de ángeles a sus pies,
con dolorosas nubes en las manos.

Hermosa y enfadada,
Greta Garbo me habló:
«¿Por qué me llamas ahora,
por qué quieres que vuelva a la vida de los hombres?
Mira toda esa nieve, ahora es tuya, bébela,
bebe la nieve, bébela, amor mío, estoy desnuda aquí,
cásate conmigo, con un fantasma,
oigo los coros de los niños muertos
y de las niñas rubias cantando en nuestra boda,
y háblame en español,
bésame desesperadamente y dime levántate y anda,
dile eso al amor corrompido bajo tierra,
después del tiempo».

Toda la noche en Estocolmo estuve bebiendo
y hablando en español, pidiéndote en matrimonio,
cuando ya era tan tarde,
tan tarde que ya solo era poesía.

Habitación del Hotel Terminus,
rodeado de vísceras.

Durmiendo con el demonio y con los ángeles,
con esas criaturas que chillan toda la noche.

Y me hablaste otra vez: «Nadie sabe nada,
todo es ignorancia,
pero pronto acabará,
todos los seres humanos volveremos
a la irrealidad más profunda».

Eran las cinco y veinte de la madrugada
cuando se puso a nevar de nuevo
—una nieve roja
llena de música—
y tú, Greta, estabas conmigo.

NUEVA YORK

Para Marta Fernández

Si estoy en Nueva York, nada me falta.
Si estoy a tu lado, estoy del lado de la vida.
Soñé que era un empleado de un Dunkin' Donuts
de Wall Street, que se levantaba a las cuatro
de la mañana, y nevaba, y ya había gente esperando
a que yo abriera la puerta.
El donut glaseado es mi preferido,
sería capaz de comerme cien seguidos.

Soñé que era mil empleos insignificantes.
Mil trabajadores en mil trabajos que no perdurarán.
Ningún trabajo perdura.

Soñé que era la Quinta Avenida.
Soñé que era el puente de Brooklyn.
Soñé que era la Estatua de la Libertad que abandonaba
su pedestal y se bañaba en el Atlántico desnuda.

Soñé que era altura, piedra y vidrio.

Te veía en todas partes,
en la cocina de mi apartamento,

en el cuarto de baño,
en el dormitorio,
dentro de la ducha.

Soñé que era pobre, que estaba enfermo,
pero aún me sobraban fuerzas para caminarte
durante ocho horas seguidas.

Es hermoso estar enfermo a tu lado.

Fuiste construida para guardar el secreto.

Todos tenemos sed en Nueva York.

¿Cuál es el secreto?

En despejadas tardes de invierno,
a tres grados bajo cero,
la caída de la luz sobre tus gigantescos edificios
dibuja números anteriores a las matemáticas,
números solares que contienen la fórmula de la vida,
números primos y escaleras
hacia la transparencia,
y los pobres son al fin mis hermanos y mis hermanas,
a quienes invito a todos los donuts del mundo.

No eres una ciudad sino un destino.

No eres una ciudad sino la cristalización de las almas.

BUENOS AIRES

Para Daniel Mordzinski

Íbamos a la calle Tres Sargentos en la medianoche.

No veíamos ni siquiera a uno de los Tres Sargentos,
sería por la oscuridad, porque era de noche.

¿Quién demonios fueron los Tres Sargentos
que dieron nombre a esa célebre calle porteña
que tan bien conocían todos los taxistas?

«Dame lo mío», dijo ella, en la habitación de tu hotel.

«Por supuesto», dijiste tú, y contabas
los billetes como un banquero diligente.

Dame lo mío es la mejor frase del mundo.

Dejaste los billetes encima de la cama.

Eran billetes muy gastados, mal diseñados, no eran
dólares.
Eran pesos argentinos, una moneda imaginaria.

Daba igual que fuesen falsos como que no.

Te hubieras casado con ella, era tan hermosa,
y era tan joven y la vida estaba de su parte.

Te la quedabas mirando como si quisieras redimirla,
pero redimirla de qué, ella era feliz así, no tenía importancia
moral lo que hacía, y tenía un hijo.
Todas dicen que tienen un hijo.
Y tú querías pedirle matrimonio, y era de verdad.
Y hacerte cargo de ese hijo, ser un padre para él,
y si ese hijo era mentira, tener uno de verdad con ella,
porque nada hay más hermoso que poblar
la tierra y la vida de hijos naturales,
a imagen de su padre y de su madre,
es la mayor droga del mundo.

La amabas.

Era guapa. Se lo dijiste, pero no te creyó.

Y le estabas diciendo la verdad, pero quién se fía de quién
en este mundo del que todo juramento ha desertado
y todas las ciudades están en venta.

«No tienes conciencia de tu hundimiento, tan joven tú»,
le dijiste, «porque no tener conciencia es tener
la libertad de Dios, te admiro tanto,
mi pequeña, mi amor, mi sufrimiento, mi sangre,
sangre de mi sangre».

A la hora ella se fue.

No dormiste en toda la noche,
y sobre todo, te fuiste al otro extremo de la cama *queen*,
el extremo en donde ella no había posado su cuerpo
desnudo.

Porque la parte de la cama en que ella depositó
su joven culo pecoso, su delicada espalda,
sus bellas piernas, su desvalida cabeza,
te parecía un territorio sagrado, un templo.

Debe de ser hermoso redimir a todo un país.
Salvar a un país entero, salvar a cuarenta o cincuenta
millones de seres humanos.

Si fuese el rey de Argentina, lo haría.
Pero no soy más que otro turista
del fin del mundo.

Doce años después me pregunto
qué habrá sido de ella, de aquella mujer joven.
¿Seguirá viva? ¿Habrá encontrado el amor?

Lo más probable es que esté muerta,
que ya sea transparente, la más transparente
en la ilustre transparencia
a la que se dirigen millones y millones de seres humanos
con paso seguro, de una escalofriante seguridad.

ATENAS

Para Pilar Tena

Fui griego en otra vida, fui ateniense.

Se extrañaron mis amigos.
¿Pero de verdad es tu primera vez en Atenas?
¿Cómo es posible que conozcas todas sus calles?

Tuve padres griegos,
abuelos atenienses una vez, dije.

Y me fue dado recordarlo en un prodigio
que nunca es concedido a hombre alguno
salvo a aquellos que se enamoran del fervor inalterable
que aún subsiste en los alientos más profundos.

Fui a la que había sido mi casa y había
un H&M, y sin embargo vi mi habitación,
que estaba en el probador de mujeres.

Vi a mis abuelos atenienses en la sección
de caballeros, donde estaban las camisas blancas.

Vi a mi abuela hablarme en griego,
me suplicaba que le diera un beso
y se lo di, y me dijo tu padre acaba de morir.

Y lo vi muerto en la sección de vestidos de mujer.

HONG KONG

Para Antonio Lucas

Todos morirán sin ser occidentales, sin esa corona.

No me gustaba desayunar sopa de fideos, era un alma
en pena buscando un cruasán y un café expreso.

Me gustaban los mercados: decapitar gallos,
trocear peces vivos, cabezas de anguilas que aún
podían verme, en sus saltos atroces, y yo me convertía
en lo último que verían sus ojos por toda la eternidad.

Una mujer desconocida me fue enseñando la ciudad.
Dormí en su habitación, que tenía dos camas.

Había árboles en mitad de las calles y rascacielos baratos.

Y había coches de alta gama y relojerías de lujo.
Pues vi a los ángeles del cielo, los hijos de dios,
llevando un Cartier en su muñeca
y conduciendo un Ferrari del color de la luna en
septiembre.

Y esa mujer y yo cenamos una noche con políticos
y autoridades hongkonesas, eran matrimonios

que hablaban en inglés, hombres maduros
con mujeres con una mirada no de este mundo.

Otros dioses corrían por las calles, desnudos.
Había más religiones y esa abundancia de religiones
es como la abundancia de orgasmos y de amores
infinitos.

Fuimos a Victoria Peak en un teleférico y vimos
toda la ciudad desde las nubladas alturas,
y comimos arroz y peces y pollo desde allí arriba,
siempre comiendo en todas las ciudades en venta,
porque sé que pronto se acabará la comida,
pues habrán de regresar la maza sangrienta
y el hambre colonial.

Me soñé trabajando en una pescadería de algún mercado
de Hong Kong, cortando cabezas de anguilas todos
los días,
no sé, cien cabezas diarias, con la precisión de un Buda,
de un hombre santísimo.

Yo nunca seré oriental,
moriré sin esa corona.

Sin embargo, cada día supliqué
al infinito del tiempo
que me rasgara los ojos
y me regalara la lengua mandarín.

PARÍS

Para Joana Bonet

El amor, tan confiado él, tan magnífico y resuelto,
se celebra aquí, en París, como el único acontecimiento
de realeza y de éxtasis en el último milenio.

Antes, el amor se hacía en las cabañas.
Luego en casas con camas obscenas,
después en los palacios, con sábanas limpias
y chimeneas, y cojines, y almohadas y criados,
ahora en las habitaciones de los mil hoteles con encanto.

Para qué ir a verte, París, sino para arder
en todas las formas del sexo escandaloso con velo de
martirio
colocado en tu entraña, pues el erotismo en venta hoy
solo es un beso puritano
en una mejilla muerta
si osa compararse con lo que tú has visto
en estos mil años de millones de fluidos corporales
intercambiándose con rabia,
con sangre política,
con el mal,
con la locura.

No puedo pagar tus alquileres, no tengo dinero para
colmarte
de rosas, gardenias, orquídeas, lirios y hortensias.

Si abro mi mano derecha, allí estás.
Si abro mi mano izquierda, allí estás también.

He caminado todas tus calles,
tus iglesias, he entrado en ellas con mi ateísmo
como ofrenda criada al amparo de mi orgullo y de mi
soledad.

Tú también estás sola.
Eres la ciudad más solitaria de la tierra.
Te has quedado sin razón de ser.

Yo no tengo diez millones de euros
para poseerte y tú sí tienes diez millones de amantes
para callarme la boca y devolverme a España.

Cuidado, cuídate de mí, pues sé quién eres
mejor que el mismísimo Napoleón Bonaparte
o cualquiera
de tus más andariegos mendigos de este presente
que van de barrio en barrio,
buscando un portal en donde extender sus mantas
para hacer allí el amor con las ratas, con las rosas,
con la insania mental, con el tiempo, la historia y la
nada.

La nada ataviada, a la que tú sirves
en vez del amor
como una diligente empresaria
que fue antes emperadora de Europa.

Ya no tienes ni reyes ni emperadores.
Ni yo tengo diez millones de euros.

Solo me tienes a mí,
tu marido celoso,
un auténtico mozo de cuadra
que aspira a ser barbero
el día de mañana,
como un sueño de prosperidad.

MEMPHIS

Para Raquel Martín

Llegué a la ciudad española de Santander.

Entré en la habitación, la 301, y sentí algo especial.

Inspeccioné con ojo meticuloso la habitación.
Todo estaba en orden.

Había muchas cosas en el cuarto de baño,
eso pone de buen humor siempre,
hasta los muertos se regocijan con los regalos:
kit de afeitado, cepillo de dientes, aguja e hilo.
Había un calzador y una esponja abrillantadora para los zapatos.
Había un boli pequeño, de bolsillo, con el anagrama
de Hoteles Silken.

Coloqué una foto de mi padre en la mesilla.
Puse una canción de Johnny Cash en el ordenador portátil.
Me gusta hacer esas dos cosas siempre en los hoteles.

Me duché, los grifos me confundieron,
me abrasé, me enfríe, maldije.

Estuve un rato bajo el agua,
fluyendo en esta soledad inacabable,
más grande que la soledad de Dios,
no oía a Johnny Cash desde la ducha,
y eso me pareció una tragedia, una adversidad
    irreversible.

Tenía que elegir entre la canción y el agua caliente.

Siempre había que elegir.

I'm going to Memphis, oí.

Con la toalla en la cintura, abrí el minibar,
consulté los precios y volví a cerrarlo
con un portazo fuerte, sonoro, absurdo,
goma de la puerta contra la goma de la nevera
en un choque anónimo,
innecesariamente cruel.

Bueno, me dije, qué más da,
volví a abrirlo,
y saqué una botellita de whisky.
Al rato otra más. Al rato comencé con el vodka
porque el whisky se había acabado.

Miré la habitación: qué blancas las almohadas,
qué bonito el teléfono,
qué sensación de limpieza en el cuerpo.

Sonaron unos golpes secos y fuertes
en la puerta de la 301,
golpes fantasmales y a la vez esperados,
y abrí la pesada puerta que no daba
al aséptico pasillo del hotel, como esperaba,
sino al otro lado de la vida.

Era el mismísimo Johnny Cash, con camisa negra,
con botas y con levita y con el pelo alborotado,
quien estaba delante de mí.

Cash entró en la habitación, se sentó en la cama
y dijo: «Camarada, amar a los seres humanos
no es suficiente si quieres amarlos de verdad,
estás desesperado, y no te curarás nunca,
no hay cura para esto, hermano, siempre estarás así,
violento, insatisfecho, radiante, destruido,
hermano mío, mi hijo casi».

Estaba hablando solo en mitad de la habitación,
y Cash cantaba desde el ordenador
I'm going to Memphis.

CARACAS

Para Karina Sainz Borgo

Entregas tu cuerpo, tu amado cuerpo,
lo único que tienes,
lo único verdaderamente tuyo,
tu casa sagrada y perecedera,
a camas y sábanas desconocidas
en habitaciones donde durmieron otros
con sus pesadillas a cuestas,
con sus asesinatos ladrando en las almohadas.

Recuerdo un hotel de Caracas,
al lado del aeropuerto, un verano tórrido,
aquella habitación pintada de verde,
la ensordecedora y vieja refrigeración
chillando como un cerdo al ser degollado,
la electricidad entrando en tubos podridos,
la cama mal hecha,
las manchas en la colcha,
semen y flujos vaginales de mujeres y malos hombres,
el olor a humedad,
la almohada amarillenta,
la mesilla rajada,
con huellas de colillas abrasadas,

el baño con grifos de los años setenta,
el picor en las manos,
no tenía mucho dinero,
tenía cuarenta años,
y quería ver el mundo
sin saber que sin dinero no hay nada que ver,
salvo la miseria y el terror.

¿Qué hago aquí, dios santo,
qué me ha traído aquí?

Aquella habitación de aquel hotel
al lado del aeropuerto de Caracas me habló:
«Atrévete, seas quien seas, atrévete a quedarte dormido
aquí dentro, siente toda la oscuridad de este mundo,
porque tú la ves; y una vez vista esa oscuridad,
duerme, duerme, si tienes valor.
Todos los hombres y mujeres
que fueron asesinados en Caracas
están aquí contigo, en esta habitación,
en el enfermo color verde de mis combadas paredes,
míralos a ellos, a los asesinados,
alguno incluso sonríe,
la imbecilidad y la muerte a veces contraen matrimonio,
y luego quédate dormido,
como si no pasase nada,
como si fueses un turista más,
un huésped más,
un cliente más de este hotel de aeropuerto
que cuesta quince dólares la noche,
y donde la miseria es mucho más importante que la muerte».

CINCINNATI

Para Mamen Asencio

Llegué casi a medianoche a Cincinnati,
media hora de taxi desde el aeropuerto hasta el hotel,
y las luces de la ciudad al final de la autopista.

Al día siguiente vi el río Ohio y mi alma se alegró.

Desde una colina vi el río dividiendo dos Estados,
a un lado Kentucky, al otro Ohio,
con sus puentes, sus barcos, sus camiones,
y abajo, el agua turbia, y los rascacielos de la ciudad.

Decía por dentro la palabra *Cincinnati*
como una oración, como una palabra sagrada
que le robara a la oscuridad un sol merecido.

Era una plegaria esa palabra risueña
para que nada malo le ocurra al mundo.

Llamé a mi hijo pequeño a España para decirle que
estaba aquí,
en esta ciudad y al lado de este río,

y que le quería mucho,
y nadie descolgó el teléfono.

Vi que llevaba cuarenta llamadas realizadas.

Comí en un restaurante asiático,
comí arroz y un pez de agua dulce,
era un día primaveral, con brisa y luz,
y pensé ojalá encontrara trabajo aquí,
una casa, una familia, unos hijos, un perro.

Y decía todo el rato *Cincinnati*,
porque parecía una palabra sanadora,
porque parecía una palabra italiana,
porque parecía la palabra perfecta
para decir adiós a una parte de mí.

Después de comer hice la llamada cuarenta y uno.

Me alojé en el Fairfield, un hotel agradable
en el barrio de la universidad, había gente joven
por las calles, di una vuelta y otra vez
dije *Cincinnati*, porque es una fiesta
esa palabra, un desfile de íes que bailan en mi alma.

Gente joven, explorando un futuro,
aunque yo sé que se cierne el colapso,
está viniendo.
Mirad las nubes sin piedad en sus hombros blancos

y mirad cómo los pájaros están huyendo unos,
muriendo de pena los otros.

Quiero vivir treinta años más, Cincinnati,
quiero llegar a ser octogenario.

Hice otra llamada.

Hola, hijo, estoy en Cincinnati,
es una ciudad preciosa,
¿qué quieres que te compre, cariño?,
terminé diciéndole a la recepcionista
afroamericana del Fairfield en español,
y ella no entendió ni una palabra
y me miró con ojos incrédulos,
pero apenados.

¿También ella se daba cuenta de que se cierne
la catástrofe, pero hace como que no la ve,
todos hacen como que no la ven?

Febrero del año dos mil veinticinco,
estoy en la edad de las circunferencias azules
que luchan a muerte por convertirse en brasas blancas,
y dije mil veces la palabra *Cincinnati.*

Y ese nombre tan blanco de ciudad, ese nombre lleno de
amor,

lo repito y lo repito, mil veces, un millón de veces:
Cincinnati.

Las íes, cuando triunfan, nos conducen a la esperanza,
a la ligereza, a la levedad de unas flores en primavera.

ROMA

Para Ángeles Albert de León

Yo te amé, pero tú a mí no demasiado.

Fue en el año diecinueve, cuando vivimos juntos,
recién casados, haciendo el amor a diario,
como dos veinteañeros, capaces
de correrse con una caricia en el sexo
dentro de la Capilla Sixtina.

Nos casó Jesucristo, quién si no.

Ciudad de mi vida, ciudad de mi alteración molecular,
me convertiste en un pez solitario del Tíber,
con dos mil años de existencia.

Me convertiste en un gato del Trastévere.
Fiero y maligno, besabas a un gato
cuando me besabas a mí.

Tomando café cada veinte minutos.

Las noches de invierno, cruzando ya la madrugada,
te pedía consuelo y amor, un beso de madre,

pero tú solo me ofrecías el resplandor
de la belleza absoluta, la cual me castigaba,
y me hice adicto al castigo.

Soy adicto a tus castigos, eso es amor también.

FLORENCIA

Para Pepa Fernández

Pasé el día comiendo pasteles.
No comí ni carne ni pescado ni ensaladas ni legumbres
ni espagueti ni lasaña ni mandarinas ni uvas,
solo me alimenté de pasteles,
un *cannolo* aquí,
un tiramisú allá,
un *amaretto* con un *espresso doppio*,
un *panforte* con un capuchino,
un *ricciarelli* con un *machiato*,
y así iba cayendo el día,
herido por una dulzura imaginaria.

La miel, la avellana, la nata se acaban pronto,
en tres minutos la dulzura se marchó para siempre,
es mucho más larga la vida.

Todo el día caminando por Florencia
mis pasteles y yo.

En un bar una tarta de almendras,
en otro un bizcocho con el nombre
de una santa que olvidé.

No tienes que sentarte frente a un plato.
Ni esperar a que se enfríe.

No hay ceremonia, ni cubiertos.

De pie en las pastelerías de Florencia,
eligiendo con el dedo índice el pastel más hermoso.

De pie en el puente de la Santa Trinidad,
comiendo una *sfogliatella,*
mientras miraba pasar las aguas del Arno.

Dejé caer unas migas
para que los suicidas y los ahogados
subieran a la superficie
y lograran alimento y memoria.

Y el espíritu de aquellos seres doloridos
ascendió de entre la oscuridad y el olvido,
del barro y de las piedras,
y pude ver sus cientos de rostros
tristes y solitarios, convertidos en peces
cuyas bocas luchaban unas contra otras
por los regalados restos de mi *sfogliatella.*

PANAMÁ

Para Luis García Montero

Estoy en Panamá, me trajo un avión desde Atlanta.
Me hospedo en el Hotel Riu, en el piso veintiocho.
Veo la fila de barcos esperando cruzar el canal.
Quisiera ser el dueño del canal de Panamá
para no dejar pasar a nadie, salvo al agua,
a los peces, a los nadadores y a las ballenas.
Hay un montón de pájaros gritando
encima de los árboles en la Ciudad Vieja.

Esos pájaros están locos.
Me ducho varias veces al día, por amor al agua
    panameña.
Me llevan en un Mercedes de la embajada.
Hablo con el embajador:
Te lo ruego, haz bien tu trabajo,
que no sea en vano el uso del Mercedes.

Embajadores de España,
no uséis en vano los Mercedes
que el pobre pueblo español compra a la rica
    Alemania.

Abridme la capota, quiero saludar al pueblo panameño
como si fuese Theodore Roosevelt.

No tiene capota, no es un modelo deportivo.

Sabes, el desayuno del hotel es espectacular,
toda la comida de la tierra en todas sus formas posibles.

Adoro Panamá.
Quiero vivir aquí, estoy buscando casa,
un apartamento, son caros, quiero vivir aquí.

Quiero fundar empresas fraternales y un partido político.

Quiero cruzar el canal nadando con mis locos amigos
como si todos tuviésemos quince años y un viejo bañador.

Quiero que mi cuerpo sea venerado por las aguas dulces
y por las aguas atlánticas y las aguas pacíficas.
El canal es mío, mío y de los peces.
Es vuestro, el canal es vuestro y no del infernal dinero.
La usura, lo dijo Ezra Pound, no es poesía.
Dejadme cruzar el canal de Panamá gratis,
nadando a crol, a braza, a espalda,
bajo la luna del buen tiempo y la insaciable codicia del
amor.

Veo encima de una compuerta de 1914 una gaviota negra
con un trozo de carne humana en su pico ensangrentado.

QUERÉTARO

Para Isabelle Gougnon

Me pasaba el día en la piscina del hotel
y caminando
por la ciudad colonial,
porque adoraba el empedrado de las calles
y el olor a santidad desvergonzada que se descomponía
y dejaba el aire transformado en anhelo
y verdes puñales y azules pañuelos de seda.

Anhelaba tu euforia, Querétaro.

Había estadounidenses y franceses en la piscina.

El calor era sofocante, pero me gustaba.
Me ofrecías un sudor no de este mundo.

Donde se abren los poros no está la muerte,
eso me decías todo el rato, Querétaro.

Llevé a una mujer a mi habitación y me leyó
las líneas de la mano, luego se desnudó
y nos duchamos juntos y como anochecía

y mi habitación estaba en la planta baja,
al lado de la piscina, nos bañamos desnudos.

Ella lloraba porque le dije que el futuro no existe,
pero que mientras sudásemos la muerte no vendría.

Creía que estaba despreciando su negocio y a sus dioses.

Pero luego nos tocamos la cara y entendió
que era un hombre bondadoso y ella una mujer
comenzando a vivir en un mundo donde la adivinación
del futuro pertenece a las clases más bajas de la historia.

La besé, y ella me besó y acabé bendiciéndola yo.
Acabé yo rogando por ella a los dioses, a dios,
a todos los poderes sobrenaturales
en los que no creo, pero creí por ella una noche,
para que le fuera bien en la vida.

De creer en algo, en el sudor creo,
porque donde está él no está la muerte.

Luego, al amanecer, salimos a las calles.
Y ya hacía calor de nuevo, ya se acercaba él, el sudor.
Las calles de Querétaro, hermosas, y vivas, sí.
Vi entonces la profundidad de la vida, el ilimitado clamor
de mi vida, de lo que fue mi vida.

Tomamos café y nos reímos mucho rato.

Adoro tu ciudad, le dije.
¿Es santa, verdad?
Sí, lo es, pero mañana me vuelvo a España.

España, mil veces, cien mil veces
más vieja que yo.

IOWA CITY

Para Jesús Carrasco

En la ciudad de Iowa,
aquí, en el Medio Oeste,
en una casa en mitad de un bosque
en donde vivo y en donde nieva mucho,
escucho todos los días,
cuando me levanto por las mañanas,
y afuera hay diecisiete grados bajo cero,
una canción maravillosa.

Habla de una corbata.

Y esa canción
me recuerda a mi padre,
porque para mi padre
las corbatas fueron importantes.

La canción se titula
«Jim, I Wore a Tie Today».

Es una canción lenta,
melancólica, dulce;

la cantan a dúo
Willie Nelson y Johnny Cash.

En ella se narra la historia
de la muerte de Jim
y de cómo sus amigos
se reúnen en su funeral.

Todos se ponen corbata para la ocasión.

Y piensan
en lo que se hubiera reído Jim
si hubiera podido verlos vestidos así.

Es una canción que te come el corazón.

Con oírla una vez basta
para que se grabe en tu memoria.

El predicador dice unas palabras
en el funeral
que ninguno de sus amigos escucha.

Ellos están recordando a Jim
cabalgando por las praderas,
bajo el viento, bajo el sol.

Jim fue un ser anónimo,
pero con amigos.

La canción cuenta
cómo esos amigos intentaron salvarle la vida,
pero fue imposible.

Metieron su ataúd
en un vagón de tren
y lo devolvieron a su pueblo.

Los trenes,
la muerte,
el ataúd,
la cerveza,
el divorcio,
la desesperación,
la pobreza,
los amigos,
las praderas,
la luna,
la nieve,
la alegría,
la tristeza,
los caballos.

SANTIAGO DE CHILE

Para Trijne Vermunt

También hubo ciudades, hace mucho tiempo,
donde casi me volví loco, donde casi me muero.

Tú fuiste una de ellas, Santiago de Chile.
Una miserable habitación en el peor hotel del mundo
y toda una noche sin dormir, eso fuiste.

Subí a tus cerros, aún era joven entonces.

Visité una librería que se llamaba Metales Pesados.

Fui a cafeterías en donde había mujeres medio desnudas
haciendo de camareras, una idea experimental de aquella
época.

Y un día vi a una octogenaria caminar desnuda
por las calles del centro de Santiago de Chile,
una abuela enloquecida buscando
justicia en cueros, como dios la trajo al mundo.

Nadie se atrevía a mirarla.

¿Dónde estaba su familia? No la tenía,
y esa era la causa de lo verdaderamente insoportable:
la insania mental, los pechos caídos hasta la barriga,
y la existencia de esa barriga creaba duras preguntas.
La misma ciudad estaba temblando de pena.

Noté cómo las calles céntricas de Santiago
se convertían en un muñón de carne y piedra enferma.

Al día siguiente encontré novia, por casualidad.

Y de repente me pareciste el paraíso,
es lo que hace el amor con las ciudades,
os convierte en luz y en tristeza por los que se
    marcharon,
y la calle Lastarria fue la calle
de dos enamorados a la deriva de la vida.

Santiago de Chile, quiero volver a verte.
Y a la amiga que allí tuve, que seguro me olvidó.

A ella hoy le pediría solo fraternidad y no amor,
porque ha pasado el tiempo, y una mano amiga
ayuda más a no acabar desnudo y desmemoriado
y pobre y demente y sucio y mendigo
en mitad de las calles de Santiago
que los besos y el erial del orgasmo.

COYOACÁN

Para Lorenzo Oliván

Alguien que lleva mi nombre se hospedó
en un hotel de la cadena NH,
junto al Zócalo,
en la ciudad de México.

Salía del hotel ese alguien que lleva mi nombre
con buen humor y paseaba hasta la Catedral.

Se quedaba admirando a los curas mexicanos
porque llevaban sotana y porque creyó haberlos visto
    antes,
en otra parte del mundo, o de la historia.

Los mexicanos se santiguaban cuando pasaban por
    delante de la Catedral
y ese hombre que cargaba con mi nombre
hubiera querido hacer lo mismo, por cortesía,
pero no sabía, se le había olvidado, no podía recordarlo.

A ese cuerpo con mi nombre encima,
cargando con mi nombre a modo de cruz,
le gustaba desayunar por las mañanas

en el piso quinto de su hotel,
comía un poco de todo.

Le apetecían la crema de fríjoles y las salchichas.

Luego se iba a los porches del Zócalo
y buscaba un limpiabotas.

Nunca, en su vida, había llevado los zapatos tan brillantes.

Caminaba por la calle Madero y miraba las tiendas.
Miraba los relojes, siempre mirando los relojes
ese cuerpo que usaba mi pasaporte y mis tarjetas de
crédito,
como si los relojes fuesen reales y las ciudades
un accidente vespertino del tiempo cósmico.

Ese ser inocente y culpable al mismo tiempo
y que se llama como yo y que incluso pude ser yo
fue al barrio de Coyoacán para ver la casa
en la que murió el poeta español Luis Cernuda.

Casa humilde, pobre poeta envejecido sin descanso
en sus veloces párpados azules,
allí tan solo, tan desesperado,
cargando con un país entero, o con dos,
México y España, pobre Luis.

Tocó la ilusión que lleva mi nombre
el timbre de la casa, pero nadie le abrió.

Ese cuerpo se sentó en una terraza y se bebió un tequila.

Ese cuerpo llamó por el móvil a su mujer,
que es la mía,
y le preguntó,
le pregunté:
¿Qué quieres que te traiga de México?

Y ella le contestó,
y yo lo oí: *Quiero que vuelvas vivo.*
Los viajes te matan el corazón, amor mío,
tu inocente, tu pobre corazón,
amor mío, mi niño pequeño,
mi valiente Peter Pan,
mi patriota encendido del país de Nunca Jamás.

NUEVA DELHI

Para Ernesto Pérez Zúñiga

Los ojos pueden romperse como se rompe una mano
o un brazo
o una mesa o una silla o un trozo de papel o unos
zapatos.

El aire era veneno para nuestra sangre en la Ciudad Vieja.
Los demás llaman contaminación
a lo que yo la última novedad del veneno en el mundo,
su nueva forma de estar entre nosotros.

Los monos y los perros estaban tranquilos, su resignación
animal
me enamoraba, y las ratas corrían por aceras convertidas
en tierra.

Cuando las aceras se desintegran, porque nadie las
protege del infierno,
comienza la ruina de los hombres, de las mujeres y de los
niños.

Vi a un anciano orinar en cuclillas en una avenida llena
de gente.

La verga oscura, hinchada, y su padecimiento se
encarnaba,
pues apenas lograba evacuar su carga de excremento
idéntico al tuyo, al vuestro,
al del rey de Inglaterra,
al del papa de Roma;
pensé en su próstata dañada, erizada,
sin un solo análisis de sangre en la vida,
y el esfuerzo en la cara,
y la pregunta en sus ojos,
por qué me pasa esto,
quién detiene este temblor que ya casi ni a mí me
importa,
y al fin salió el líquido, escaso,
que humedeció sus pies desnudos,
polvorientos y podridos.

Santa podredumbre que me llamaste,
que quisiste que te viera.
Aquí estoy, no me das miedo, todo lo contrario,
me das fortaleza, un vigor oscuro emergiendo de mi alma,
no me aterrorizan los tullidos intocables,
ni las ratas junto a los monos y los perros pacientes,
tal vez ellos, los monos descerebrados, con su
indiferencia,
fuesen las bestias más inmorales de la creación.

No padecen ante el vagabundo sin una pierna,
o sin dedos en las manos, o sin el labio superior de la cara,
los indiferentes primates.

Tuve una excelente falsificación de un reloj Hublot en mi
mano.
Hecha con un arte no inferior a quien inventó el
verdadero,
parecía auténtico, pero no lo era, solo chatarra pesada.

Hace veinte años lo habría comprado, pero hoy ya no.
Como todo ser humano envejecido el único saber
que he acumulado en esta vida es el arte de comprar.

Oh, Ciudad Vieja, me vi tirado allí como un leproso,
olvidado de dios, para lograr el cometido
más desafiante y más real de todo conocimiento:
la alegre y dichosa y sagrada constatación universal
de la inexistencia de dios o de todos los dioses.

No habrá otra vida, camarada miseria,
en donde deberías de convertirte en camarada paraíso.

No la habrá, y yo vine aquí a respirar el veneno
para estar con vosotros en el arte de morir como un
apestado.

Y me bebo el aire envenenado con amor de altos vuelos.
Y soy feliz de haber venido a dar un abrazo a cada uno
de los treinta y dos millones de seres humanos que aquí
viven,
mi larga familia, mi gran familia de la hermosa Delhi.

MINNEAPOLIS

Para Marta Robles

Todos los muertos son indiferentes.
A esa indiferencia estamos llamados
los seres humanos de cualquier tiempo.

Me levanté de la enorme cama *king*
del piso veinte del Rand Tower Hotel
para escribir en el cuadernito de la mesilla
con un boli plateado que la muerte no distingue
identidades,
ni nombre o apellidos ni fechas ni hechos,
y miré por el ventanal y estaba nevando,
nevaba con fuerza militar, ejemplarizante, cruel.

Ciudad de Minneapolis, sagrada por el frío.

La muerte, el no estar ya más,
será como la nieve tan homogénea,
y todos los muertos llevarán el mismo uniforme.

¿Estáis preparados para poneros ya el uniforme
que os convertirá en indistinguibles?

Igual que se amontonan los copos hasta formar muros
se levantarán millones de sinónimas almas.

Estos son mis ojos o mi rostro, diré
intentando salvar mi memoria,
y los uniformados reirán de tan absurda pretensión.

Distinguir aquí el alma de alguien es un insulto
a la disciplina y el trabajo regulador
de la extinción, sus siglos de especialización laboral,
su aplaudido barrido de las almas.

Y la nieve engullía la ciudad de Minneapolis.

Y mi cama era el paraíso.

Se acerca todo, el fin del mundo y el fin de mi alma,
mezclados ambos finales,
casados en matrimonio indiferente.

Y sin embargo, la nieve era tan bella,
allí, desde los cielos vista,
desde un piso veinte construido
por la tenacidad de los hombres.

Y fui viendo amanecer, como si fuese
un ángel tímido que huye de los ángeles simpáticos.

No digas más tonterías, dijo mi mujer.
Hoy pide huevos a la benedictina en el desayuno,
y una tarta de zanahoria con mucha mantequilla.

La tarta de zanahoria con mantequilla mata a la muerte,
y nos reímos los dos, como dos halcones poderosos
(sedientos de la sangre de las inocentes palomas)
que desde el cielo vigilan la luz del mundo.

SEVILLA

Para Sara Mesa

Tuve un sueño en Sevilla.
Y fue un veintiuno de marzo muy lluvioso
del año veinticinco.

Vi la bandera de Estados Unidos
ondear en la Torre del Oro.
Vi soldados rusos desfilar bajo esa bandera.
El parque de María Luisa se había marchado
a los cielos y en su lugar había tanques,
cadáveres, agujeros, cabezas y piernas.

Solo fue un sueño estúpido.

Vi la catedral de Sevilla llena de ahorcados dentro,
mujeres, ancianos, niños, perros colgando de las
columnas,
ratas dando saltos, intentando comerse
los ojos tiernos de los seres humanos
en un apocalipsis sin estilo y sin grandeza.

Vi reyes huyendo por el Guadalquivir hacia ninguna
parte.

Llegaban aves de Persia y ciclones de Oriente.

Sevilla está condenada, me dijo alguien que huía de las bombas.

Solo fue un sueño estúpido.

No les bastó París, dijo una mujer que comía carne de gato.
No les bastó Madrid, dijo otra que comía la carne de un perro.

Y la bandera de Estados Unidos estaba nueva,
y los soldados rusos bebían vodka
en los lujosos salones del Hotel Alfonso XIII
y las *suites* eran ocupadas
por siniestros generales del Este,
llenos de condecoraciones extravagantes
que se acicalaban sus orientales bigotes minúsculos
delante de espejos fabricados en China.

Y los caballos sevillanos ardían por culpa de las bombas.

Sevilla se estaba convirtiendo en otra ciudad.

Sevilla ya no existía, y la lengua rusa era nuestra lengua.

Y todo se hizo con naturalidad y aceptación.
Las ciudades se van con los vencedores.

Los vencedores cambian de nombre a las ciudades,
pero eso a las ciudades les importa poco,
como si fuesen seres humanos,
tan solo quieren seguir vivas.

TÚNEZ

Para José Belmonte

Las heridas humanas que traje a la ciudad de Túnez
dejaron de serlo y se cambiaron por palmeras y dátiles
negros.

Blanca es Túnez y blanco será el final de los tiempos,
cuando el sol se marche con otros apóstoles
erguidos sobre acantilados de mármol.

Quise convertirme en una cobra, en un jabalí, en un
mosquito.

Las falsificaciones de todas las marcas
de zapatillas occidentales
me enloqueció, tan baratas,
tan bien hecha la imitación
que me recordó a la poesía
y a su emulación de la vida.

Túnez, me hice comedor de dátiles.

Vi a Dios en la carnosidad
del fruto de la palmera

inundando mi paladar,
llenándolo de la dulzura ardiente
que quitó el hambre
a reyes y mendigos, a emperadores y profetas
en siglos remotos que nunca existieron
y que se inventan los historiadores
y los lisiados de corazón.

Y de pronto puertas amarillas en La Medina.
Un laberinto de arcos y calles calientes.
Esas puertas amarillas, ¿qué esconden?

Todo blanco y amarillo, pero también rojo,
porque ese era el color de la *chechia* que un comerciante
insistió en venderme,
y yo sabía que aquel vendedor
acabaría en una desesperada incertidumbre,
así que le ofrecí mi cabeza desnuda
y no halló en toda su tienda
una *chechia* que coronara la longitud inerte
de este acompañamiento injustificado
de cuello, corazón y piernas,
y me miró como se mira
a un misterioso profeta que desmiente la extinción
de los videntes con cabeza de elefante
sobre la faz de la tierra.

Esa cabeza tan grande no es de este mundo,
dijo en dialecto tunecino.

Un ser humano fui que vive bajo la luz
de la espada blanca del mar Mediterráneo.
O de la espada amarilla.
La vida es el triunfo de ese mar,
de ese mar que nos trajo la ciencia y la filosofía.

Túnez, conviérteme en una palmera.
Túnez, conviérteme en el dátil más letal de la historia de
    la vida
que ya llama a su final la liturgia sangrienta.

Túnez, márchate del Mediterráneo, abandónalo,
ese mar es una trampa mortal para el amor y la
    inocencia.

BARBASTRO

Para Pablo y Daniel

Ve a la gran tierra de los hombres y cuéntanos
cuanto tus inocentes ojos vean
hasta convertirse en culpables,
di a quien te encuentres
que vienes del átomo esencial de la fundación de las
ciudades,
y luego regresa,
ven a darnos el último beso,
y desciende luego hacia la casa de tu ángel de la guarda.

En todas las ciudades de la tierra se anuncia el colapso.

En todas se presagian huracanes y cambios con muertos
dentro, en todas ellas la fealdad coge la mano de los
marineros
enlutados, menos en ti, mi pequeña villa,
solo corazón.

No puedo volver a tus abrazos porque he de seguir
al lado de los ángeles vicarios del vacío eminente de la
tierra.

No puedo volver a la casa de mi ángel de la guarda
porque mi casa es ya el mundo yermo.

Tú me lo dijiste: Si me amas,
pon en venta todas las ciudades de la tierra.

Si veo el mundo, es para rendirlo a tus pies,
como los caballeros derrotados por Don Quijote
debían postrarse ante Dulcinea,
del mismo modo es mi cometido, en una ganancia
de honor y dolor y amor que yo no entiendo.

Miles son las cosas que yo no entiendo,
salvo la urgencia y la necesidad de seguir
llevando mi cuerpo a todos los teatros, las calles,
los restaurantes, las cárceles, los hoteles,
los estadios, las catedrales, las mezquitas
de todas las asombrosas ciudades
que crecen en este planeta, sin que el planeta
lo sepa, o ni siquiera lo intuya
como una posibilidad o un azar de la materia.

Qué hice con mi vida sino arrastrarla por las calles.

Prevaleceremos tú y yo, ciudad de mis padres,
ciudad del sol, ciudad de mis desobedientes abuelos,
ciudad que no está en venta ni lo estará nunca,
ciudad destinada a la elevación sin fin
sobre los acantilados de un ser
que ya es el gran vicario del viento.

Prevaleceremos tú y yo,
en medio del fuego y del frío.

Y si no lo hacemos,
si no prevalecemos,
entonces ni el mundo
ni la vida
ni los cuerpos
ni los besos
ni el amor
tendrán sentido.

Y yo tendré que marcharme
a los vastos confines del universo.

ÍNDICE

De nuevo los tiempos están cambiando 9

Chicago 15
Madrid 18
Londres 23
Bari 26
Logroño 29
Cartagena de Indias 31
Zagreb 33
Montevideo 36
Perugia 40
Lisboa 42
Gettysburg 44
Venecia 46
Trivandrum 49
Marrakech 55
Estocolmo 57
Nueva York 60
Buenos Aires 62
Atenas 65
Hong Kong 67
París 69
Memphis 72
Caracas 75
Cincinnati 77

Roma 81
Florencia 83
Panamá 85
Querétaro 87
Iowa City 90
Santiago de Chile 93
Coyoacán 95
Nueva Delhi 98
Minneapolis 101
Sevilla 104
Túnez 107
Barbastro 110

Esta primera edición de *Ciudades en venta*
se acabó de imprimir el 25 de junio
de 2025 en Madrid.